LES HOMMES D'ÉTAT D'EUROPE

M. ACHILLE FOULD

ANCIEN MINISTRE D'ÉTAT

ET DE LA MAISON DE L'EMPEREUR.

LES HOMMES D'ÉTAT D'EUROPE.

M. ACHILLE FOULD

ANCIEN MINISTRE D'ÉTAT

ET DE LA MAISON DE L'EMPEREUR

PAR

CHARLES PIEL DE TROISMONTS.

PARIS

CHEZ TOUS LES LIBRAIRES.

1860

M. Achille Fould a quitté le Ministère d'État et de la Maison de l'Empereur. L'écrivain est plus libre pour parler de lui. On ne l'accusera pas de poursuivre une faveur, il n'est que le courtisan de la vérité.

CH. P. DE T.

Les peuples vivent de deux manières : ils vivent en eux-mêmes et en dehors d'eux-mêmes. Ils ont leur histoire extérieure, qui est celle de leurs conquêtes, de leur agrandissement, de leur influence politique et morale ; ils ont leur histoire intérieure, qui est celle de leur organisation, de leurs développements, de leur progrès.

Depuis que la France est France,

elle a beaucoup vécu en dehors, et ce mode particulier de son existence a été personnifié par de grandes et glorieuses figures. Tels furent les Catinat, les Condé, les Masséna, les Davoust ; tels sont encore les Pélissier, les Canrobert, les Mac-Mahon. Mais, si elle a été de tout temps une puissance militaire et guerrière, si elle a puissamment rayonné dans le monde, c'est qu'elle avait en elle d'immenses ressources, et chez elle des hommes éminents pour les féconder. Tels furent les Colbert, les Turgot, les Necker.

Quand l'histoire s'occupera du second Empire, je crois qu'elle ne sera pas ingrate pour M. Fould. On peut dire de lui qu'il a personnifié à l'intérieur, dans ce qu'elle a de plus élevé, la pensée de Napoléon III. Financier de premier ordre, économiste consommé, protecteur éclairé des beaux-arts, administrateur habile, son nom se trouve associé à toutes les grandes choses des dernières années : l'Exposition universelle, la levée des prohibitions, l'achèvement des travaux du Louvre. Si de tels actes suffisent pour illustrer un règne, il suffit, pour illustrer un homme, qu'il en ait eu sa part et qu'on les date de son passage au pouvoir.

M. Fould naquit à Paris, le 17 novembre 1800. Fils d'un riche banquier israélite, il s'initia aux affaires dans la maison de son père. C'est là qu'il acquit de bonne heure cette expérience et cet esprit pratique qui devaient, plus tard, le porter aux plus hautes dignités de son pays. Il partageait avec les arts le temps que lui laissaient des occupations plus sérieuses, et parcourut, pour compléter ses études artistiques, l'Italie, la Grèce et l'Orient.

Quand M. Fould entra dans la vie politique, comme député de Tarbes, il avait quarante-deux ans. Déjà membre du conseil-général des Hautes-Pyrénées, il arrivait à la Chambre avec d'utiles notions administratives. Son talent fit le reste; et, en matière d'impôts, de douanes, d'emprunts et de budgets, le nouveau venu compta bientôt comme une autorité Dans les débats passionnés de la Chambre aussi bien que dans les travaux plus calmes des commissions et des bureaux, le futur homme d'État perçait déjà derrière le député.

Ce n'est pas ici le lieu de raconter les discussions auxquelles il prit part et qu'il éclaira de sa haute intelligence, la liste en serait longue. Pendant six ans, il étonna ses collègues en leur révélant, à mesure qu'une question nouvelle était soumise à leurs délibérations, de nouvelles aptitudes et de nouveaux talents. Ainsi furent traitées par lui avec une hauteur de vues dont on n'a pas perdu le souvenir : la question des chemins de fer, celle du sucre indigène; celle des caisses d'épargne, celle, enfin, de la conversion de la rente qu'il devait contribuer à trancher plus tard.

La révolution de 1848 éclata.

M. Fould appartenait au parti conservateur; mais il était avant tout un homme de bon sens. Libéral en matières de finances et d'économie politique, il devait l'être en matière de gouvernement; aussi vit-il 1848 sans colère; j'ajoute qu'il le vit sans confiance. D'immenses embarras financiers se manifestaient à l'aurore du nouveau régime, et ils ne pouvaient échapper à l'expérience de M. Fould, qui les suivait du regard, se réservant d'intervenir en citoyen plutôt qu'en ami, par devoir plutôt que par sympathie, quand ses lumières seraient nécessaires.

L'occasion s'en présenta bientôt. M. Goudchaux, en prenant le portefeuille des finances, se trouva dans l'obligation de suffire, avec 250,602,154 francs, à une dette flottante de 960,371,596 francs. La tâche était difficile. On l'aggrava par des mesures qu'excusait assurément la gravité des circonstances, mais qui ne se justifiaient ni au point de vue d'une sage prévoyance, ni au point de vue des principes fondamentaux de la science du crédit. Hors d'état de faire face à une situation chaque jour plus compliquée, M. Goudchaux résigna le ministère dès le 4 mars, laissant à M. Garnier-Pagès la lourde responsabilité qu'il venait de décliner. C'est alors que M. Fould se décida à reprendre la parole, et qu'il publia sous ce titre : *Observations sur la Situation financière, adressées à l'Assemblée nationale*, une brochure dont le retentissement fut immense.

« La conduite à suivre pour atténuer les conséquences de la crise, dit l'auteur de la brochure, était prompte et facile.

» Le 24 février, le Trésor avait en caisse 135 millions de francs ; en portefeuille, 55 millions. L'anticipation des douzièmes devait prélever en deux mois 50 millions, ensemble 240 millions qui, à raison de 2 millions par jour, suffisaient à combler la différence entre les dépenses et les recettes, pendant cent vingt jours. J'examinerai plus tard si les dépenses du gouvernement provisoire, depuis le 24 février jusqu'au moment de la réunion de l'Assemblée nationale, n'ont pas excédé cette proportion; mais, au lieu de cent vingt jours, l'intervalle à traverser n'était que de soixante-dix; les ressources indiquées devaient donc laisser un excédant.

» La conversion en rentes à un taux équitable des dépôts des caisses d'épargne et des bons du Trésor, offerts facultativement, en donnant aux créanciers de l'État des valeurs facilement réalisables, les préservait de la pénurie et de la misère, en même temps qu'elle soulageait le Trésor du plus sérieux embarras que lui eût légué le gouvernement déchu. »

M. Fould concluait en engageant l'Assemblée nationale à ouvrir une enquête sur les actes de M. Garnier-Pagès. Mais l'Assemblée passa à l'ordre du jour, et M. Garnier-Pagès fit décréter le fameux impôt des 45 centimes.

Ce jour là, la République fut tuée.

L'Empire n'était plus qu'une question de temps. Il allait sortir des nécessités mêmes de la situation, favorisé par les fautes du Gouvernement provisoire, par les instincts conservateurs de l'immense majorité de la nation. par le prestige de grands souvenirs, car l'héritier de Napoléon Ier venait de paraître sur la scène politique. Peu de temps après il entrait à l'Assemblée en même temps que M. Fould, dont il ne tarda pas à apprécier, avec le coup d'œil qui le distingue, les rares et éminentes qualités; aussi, quand le vote du 2 décembre eut porté le Prince à la présidence, M. Fould fut-il un des premiers qu'il voulut appeler dans son conseil.

Le nom du nouveau ministre était tout un programme. Il signifiait l'ordre après le désordre, l'économie après d'inutiles prodigalités, la confiance après le discrédit, la reprise des affaires après le marasme des dernières années. Il annonçait l'avénement au pouvoir d'une capacité hors ligne, d'une expérience consommée, jointe à une activité dévorante et à une incroyable puissance de travail. Il promettait une administration féconde, d'utiles réformes et des résultats sérieux. Si grandes que fussent ces promesses, elles ne furent pas démenties. Quatre fois chargé du portefeuille des finances, pendant la période qui précéda l'Empire, M. Fould fit plus de choses à lui seul que n'en avaient défaites ses prédécesseurs. Il décida le retrait du projet relatif à l'impôt sur le revenu, sur les loyers, sur les créances hypothécaires, demanda le maintien des droits d'octroi et de l'impôt sur les boissons, substitua à l'intermédiaire des banquiers celui des receveurs-généraux, pour liquider par des souscriptions ouvertes dans les départements, quelques millions de rentes de provenances diverses. D'innombrables projets de loi, présentés par ses soins, eurent pour résultat de modifier les droits d'enregistrement, le service des postes, la taxe des lettres, d'étendre la circulation des billets de banque et d'en faire cesser le cours forcé. Il facilita le rachat des actions des quatre canaux du Rhône au Rhin; la répartition plus équitable de l'impôt foncier par une nouvelle évaluation des revenus territoriaux. fut l'auteur ou l'instigateur de la banque d'Algérie, de la loi sur les pensions civiles, de la réunion des douanes aux contributions indirectes, de l'établissement des caisses de secours et de retraite pour la vieillesse, d'importantes réformes du code forestier et du code de commerce.

Quand on songe à tant de choses accomplies en moins de trois ans, on ne sait ce qu'on doit admirer le plus de l'activité du ministre ou de la puissance réparatrice du nouveau règne.

Nommé ministre d'État et de la Maison de l'Empereur en 1852, M. Fould a conservé jusqu'au 24 novembre 1860 ce poste éminent, dans lequel il a porté la même capacité, la même sûreté de vues, le même esprit d'initiative et d'organisation. Ses actes, je n'ai pas ici à les énumérer: ils sont connus de l'Europe entière. Tout le monde sait ce que lui doivent les arts, les théâtres, l'Opéra réorganisé comme administration de l'État; tout le monde a assisté à cette exposition grandiose, magnifique rendez-vous du commerce et de l'industrie, témoignage éclatant de notre supériorité et de nos progrès; tout le monde a admiré les imposantes constructions du Louvre, où le génie de la France moderne semble donner la main au génie du passé, comme pour résumer dans un même ensemble nos vieilles et nos jeunes gloires, nos traditions et nos grandeurs présentes, tout ce que nous fûmes et tout ce que nous sommes.

Quand un homme d'Etat laisse derrière lui de pareils témoins de son passage aux affaires, il sied mal à l'écrivain d'essayer un éloge banal. C'est aux faits à parler : ils parlent assez haut. Le Louvre n'était pas terminé, quand nous écrivions de M. Fould, en 1855 (1) : « C'est le lord Georges Bentinck de la France. »

(1) *De l'Exposition universelle*, brochure in-8°.

Paris Typ d'Em Allard, 14, rue d'Enghien.

www.ingramcontent.com/pod-product-compliance
Lightning Source LLC
LaVergne TN
LVHW020509230826
846091LV00008BA/3423

* 9 7 8 2 0 1 6 1 2 4 0 6 2 *